Bibliografische Information der Deutschen Nationalbibliothek:

Die Deutsche Bibliothek verzeichnet diese Publikation in der Deutschen National-
bibliografie; detaillierte bibliografische Daten sind im Internet über http://dnb.d-
nb.de/ abrufbar.

Impressum:

Copyright © 2006 GRIN Verlag, Open Publishing GmbH
Druck und Bindung: Books on Demand GmbH, Norderstedt Germany
ISBN: 9783656681366

Dieses Buch bei GRIN:

http://www.grin.com/de/e-book/275728/die-pflegevisite-instrument-der-qualitaets-
sicherung

Thomas Horn

Die Pflegevisite. Instrument der Qualitätssicherung

GRIN Verlag

GRIN - Your knowledge has value

Der GRIN Verlag publiziert seit 1998 wissenschaftliche Arbeiten von Studenten, Hochschullehrern und anderen Akademikern als eBook und gedrucktes Buch. Die Verlagswebsite www.grin.com ist die ideale Plattform zur Veröffentlichung von Hausarbeiten, Abschlussarbeiten, wissenschaftlichen Aufsätzen, Dissertationen und Fachbüchern.

Besuchen Sie uns im Internet:

http://www.grin.com/

http://www.facebook.com/grincom

http://www.twitter.com/grin_com

Die Pflegevisite

Instrument der Qualitätssicherung

Thomas Horn

Inhaltsverzeichnis

1. Einleitung

In dieser Arbeit soll die Pflegevisite als ein Instrument der Qualitätssicherung vorgestellt werden. Dass eine kontroverse Auseinandersetzung mit dem Begriff Pflegevisite stattfindet, beweist die Vielfalt an Definitionen, die zum Teil unterschiedliche Schwerpunkte festlegen. Einen Überblick gibt das 2.Kapitel. Im 3. Kapitel wir die Pflegevisite mit Bezug auf ihre qualitätssichernde Funktion diskutiert. Die Diskussion soll verdeutlichen, welches Potential sie im Rahmen eines klientenzentriert durchgeführten Pflegeprozesses besitzt. Es thematisiert des Weiteren konträre theoretische Sichtweisen und deren Auswirkung auf das praktische Verständnis und beleuchtet den Erfolgsanteil der Partizipation beim Erreichen der Qualitätsziele im Rahmen der Pflegevisite.

2. Entstehung und Definition der Pflegevisite

Visite, abgeleitet vom lateinischen Wort visitare, bedeutet: besuchen, hingehen. Das Bertelsmann Lexikon definiert Visite als Besuch und genauer als „Besuch zur Untersuchung von Kranken".[1] Der Duden definiert Visite als „Krankenbesuch des Arztes im Krankenhaus".[2] Daraus lässt sich einerseits schließen, dass die Abstammung des Begriffes aus der Terminologie der Mediziner stammt und andererseits, dass es sich um eine interaktive und beziehungsgestützte Maßnahme handelt, die dem Kennen lernen und dem Austausch dient.[3] Die Araber benutzten das Wort bereits im 10. Jahrhundert für die Befragung des Patienten nach seinem körperlichen und seelischen Befinden, also im Sinne einer ganzheitlichen körperlichen Medizin.[4]

Der Begriff Pflegevisite tauchte erstmals 1978 in Verbindung mit einer Übergabe am Bett auf einer Intensivstation auf.[5] In der Folge entwickelten sich viele unterschiedliche Durchführungsformen mit der Auswirkung, dass die Fachwelt immer noch kein einheitliches Verständnis ihrer Anwendung besitzt. Die folgenden zeitlich geordneten Definitionen geben diesbezüglich einen Überblick.

Die Pflegevisite ist „eine Interaktion von Sachverständigen der Pflege
- initiiert von Pflegedienstleitung und Pflegenden,
- durchgeführt mit dem Patienten,
- analog der Methode des Pflegeprozesses
- mit dem Ziel der Qualitätssicherung und der Entwicklung einer Pflegekultur im Krankenhaus".[6]

---

[1] Bertelsmann, Die deutsche Rechtschreibung, Wiesbaden 1999, S. 952
[2] Duden, Das Fremdwörterbuch, Wiesbaden 2004
[3] Hollick, Jürgen; Kerres, Andrea, Pflegevisite, Stuttgart 2004, S. 18
[4] vgl. http://de.wikipedia.org/wiki/visite, 29.08.2006, 13 Uhr
[5] Panka, Christiane, Pflegevisiten, in: Heilberufe, Nr.: 4/ 2006, S. 26
[6] Bieg, Ute, Theorie und Praxis der Pflegevisite 5.Folge, in: Die Schwester/ Der Pfleger, Nr.: 3/ 95, S. 208

„Die Pflegevisite ist ein regelmäßiger Besuch bei und ein Gespräch mit der/ dem Klienten/ in über ihren/ seinen Pflegeprozess. Die Pflegevisite dient der gemeinsamen:

- Benennung der Pflegeprobleme und Ressourcen beziehungsweise der Pflegediagnose
- Vereinbarung der Pflegeziele
- Vereinbarung der Pflegeinterventionen
- Überprüfung der Pflege".[7]

„Pflegevisite ist ein regelmäßiger, gemeinsamer Besuch der Krankenschwestern und -pfleger des Pflegeteams bei Patienten, um im Gespräch alle Schritte der Pflege zu erörtern. Gruppen-/ Schicht-/ Stations- und Abteilungsleitung/ PDL sollten sich durch die Teilnahme einen Überblick über die geleistete und zu leistende Pflege verschaffen sowie ihrer Verpflichtung zur Fachaufsicht und Kontrolle nachkommen. Der Krankenpflegeprozess muss der thematische Mittelpunkt der Pflegevisite sein".[8]

„Pflegevisite: regelmäßiger Besuch von Pflegekräften bei der Kundln zwecks Informationsaustausch und gleichzeitiger Kontrolle des Pflegeprozesses. Es gibt Mikro- und Makrovisiten".[9]

„Die Pflegevisite ist ein Instrument zur Überprüfung von pflegerischen Leistungen und deren Qualität. Sie wird in festgelegten Abständen von den zuständigen Pflegemitarbeiter/ innen als strukturierter Klientenbesuch durchgeführt. Die Teilnahme von Angehörigen oder anderen Bezugspersonen sowie weiteren an der Betreuung beteiligten Berufsgruppen ist wünschenswert. Grundsätzlich werden zwei Formen der Pflegevisite
unterschieden:

- Die Supervidierende Pflegevisite: Sie wird von einer leitenden bzw. vorgesetzten Pflegefachkraft mit der zuständigen Pflegekraft vor Ort durchgeführt.
- Die kollegiale Pflegevisite: Sie wird von hierarchisch gleichgestellten Pflegenden durchgeführt, z.B. führt eine Pflegemitarbeiterin der Station A eine Pflegevisite auf Station B mit einer dortigen Kollegin durch.

Beide Formen unterscheiden sich hinsichtlich der durchführenden Personen, jedoch nicht bzgl. der Ziele, der Inhalte oder der Durchführung vor Ort".[10]

---

[7] Heering; Heering; Bode; Müller, Pflegevisite und Partizipation, Berlin/ Wiesbaden 1997, S. XX
[8] Augsten, Martin, Kloster, Werner, Knipfer, Ernst, Selent, Karl, Theorie und Praxis der Pflegevisite, in: Die Schwester/ Der Pfleger, Nr.: 12/ 1997, S. 1045
[9] Barth, Myriam, Qualitätsentwicklung und -sicherung in der Altenpflege, München 1999, S. 171
[10] DBfK, Leitfaden zur Pflegevisite, Berlin-Brandenburg 2004, S. 6

„Die Pflegevisite wird als Besuch beim Bewohner durchgeführt und dient u.a. der Erörterung des Befindens des Pflegebedürftigen, seiner individuellen Wünsche und seiner Zufriedenheit mit der Pflegeeinrichtung sowie der Erstellung, kontinuierlichen Bearbeitung und Kontrolle der Pflegeplanung sowie -dokumentation. Gleichzeitig bildet sie eine Möglichkeit, die Qualität der Pflege zu beurteilen sowie zu optimieren und mit dem Bewohner die Ziele und Maßnahmen zu vereinbaren. Die Pflegevisite ist ein Planungs- und Bewertungsinstrument, das bewohner- oder mitarbeiterorientiert durchgeführt werden kann".[11]

Wie schon in der Einleitung erwähnt, unterscheiden sich die Inhalte und die festgelegten Schwerpunkte. Oft auch nur marginal. Ich schließe mich der Meinung der Autoren an, die Klientenbedürfnisse und aktive Mitgestaltung des Klienten in den Mittelpunkt der Pflegevisite rücken. Das entspricht dem charakteristischen Kern der Pflegevisite und dem Menschenbild der professionellen Pflege. Kritisch zu beurteilen sind Definitionen, die Interpretationen zulassen, dass die Kontrolle der Qualifikation der Mitarbeiter Sinn und Zweck einer Pflegevisite ist. Insbesondere tragen die Unterteilungen supervidierend und kollegial oder mitarbeiter- und klientenzentriert bzw. bewohner- und mitarbeiterorientiert dazu bei.

Festzuhalten gilt, dass alle Autoren mehr oder weniger deutlich ausdrücken, dass die Pflegevisite einen überprüfenden Charakter besitzt und somit der Qualitätssicherung dient. Deshalb beschäftigt sich das nächste Kapitel ausführlich mit Qualität und Qualitätssicherung um darauf aufbauend, die unterschiedlichen Durchführungsformen der Pflegevisite zu betrachten.

3. Die Pflegevisite – Instrument der Qualitätssicherung

Wie bereits im vorhergehenden Kapitel dargelegt wurde, empfiehlt der MDK die Pflegevisite als ein Instrument zur internen Qualitätssicherung. Auch in der mir vorliegenden Literatur besteht diesbezüglich Einigkeit. Kontroverse Meinungen existieren jedoch über die Nutzung und Form der Durchführung. Die unterschiedlichen Darstellungen werde ich in diesem Kapitel unter dem Aspekt der Qualitätssicherung thematisieren. Als Grundlage dazu ordne ich die Pflegevisite in das 3-Dimensionen-Modell zur Erfassung der Pflegequalität ein, um das Potential anzudeuten, aber auch um den Einfallsreichtum an Art und Form schon einzugrenzen.

---

[11] MDS e.V., Richtlinien/ Erhebungsbogen/ MDK-Anleitungen-Grundlagen der MDK-Qualitätsprüfungen in der stationären Pflege, Köln 2005, S. 104

4

Die Pflegevisite ist eine der strukturellen Rahmenbedingungen, deren Nachweis der MDK fordert.[12] Das geschieht vor dem Hintergrund, dass ein bestimmtes Maß an Strukturqualität vorhanden sein muss um Prozessqualität und Ergebnisqualität auf einem bestimmten Niveau zu ermöglichen. In dieser Funktion überwacht die Pflegevisite die Einhaltung und bewertet die Wirksamkeit der festgelegten Standards im Rahmen des Pflegeprozesses. Nur eine kontinuierliche Durchführung gewährleistet die schnelle Reaktion auf Fehlentwicklungen. Die Pflegevisite dient dann auch dazu Veränderungen bzw. Anpassungen an den festgelegten Maßnahmen und Zielen vorzunehmen. Sie ist somit nicht nur Bewertungsinstrument sondern auch Planungsinstrument.[13] Schon das Festlegen der Maßnahmen und Ziele, das Sammeln von Informationen sowie das Erfassen von Ressourcen und Problemen im Rahmen des Pflegeprozesses kann in Form einer Pflegevisite durchgeführt werden.[14] Das ständige Feedback des Klienten während der Gespräche ist die Basis, auf der die Bewertung und Anpassung, aber auch die Planung erfolgt. Die Pflegevisite erfüllt deshalb die Kriterien der Prozess- und Ergebnisqualität nach Barth, die ich im vorhergehenden Kapitel beschrieben habe. Wie wichtig die Partizipationsbereitschaft des Klienten ist um das Potential der Pflegevisite als Instrument der Qualitätssicherung freizusetzen, zeigt das folgende Zitat.

„Wahrnehmungen, über die der Mensch seine Umwelt erfährt, können auch nur von diesem Menschen selbst interpretiert und in ihrer Bedeutung für diesen Menschen auch nur von diesem und keinem anderen eingeschätzt werden".[15]

Der nächste Abschnitt gibt einen Überblick zu den einzelnen Phasen des Pflegeprozesses, der den theoretischen Bezugsrahmen bildet in dem die Pflegevisite Anwendung findet. Der von Heering (1994), als Grundlage für die Pflegevisite, überarbeitete Pflegeprozess weist einen klientenzentrierten Ansatz auf.[16]

3.1 Der Pflegeprozess

Der Pflegeprozess wird in der Fachliteratur einheitlich dargestellt. Auch wenn Heering oder Brobst z.B. einen 5-Schritt-Zyklus und Barth einen 6-Schritt-Zyklus verwenden, unterscheiden sich die Inhalte nicht. Barth liefert folgende Beschreibung:

---

[12] vgl. MDS e.V., Richtlinien/ Erhebungsbogen/ MDK-Anleitungen-Grundlagen der MDK-Qualitätsprüfungen in der
stationären Pflege, Köln 2005, S. 77
[13] vgl. Barth, Myriam, Qualitätsentwicklung und -sicherung in der Altenpflege, München 1999, S. 173
[14] vgl. Heering; Heering; Bode; Müller, Pflegevisite und Partizipation, Berlin/ Wiesbaden 1997, S. 52
[15] Heering; Heering; Bode; Müller, Pflegevisite und Partizipation, Berlin/ Wiesbaden 1997, S. VIII
[16] vgl. Heering; Heering; Bode; Müller, Pflegevisite und Partizipation, Berlin/ Wiesbaden 1997, S. XVII und 116

„Pflegeprozess: Sammlung, Analyse und Darstellung notwendiger Informationen über die Situation des zu pflegenden Menschen, aus denen ein individueller Pflegeplan erstellt, umgesetzt und nach seiner Durchführung evaluiert wird".[17]

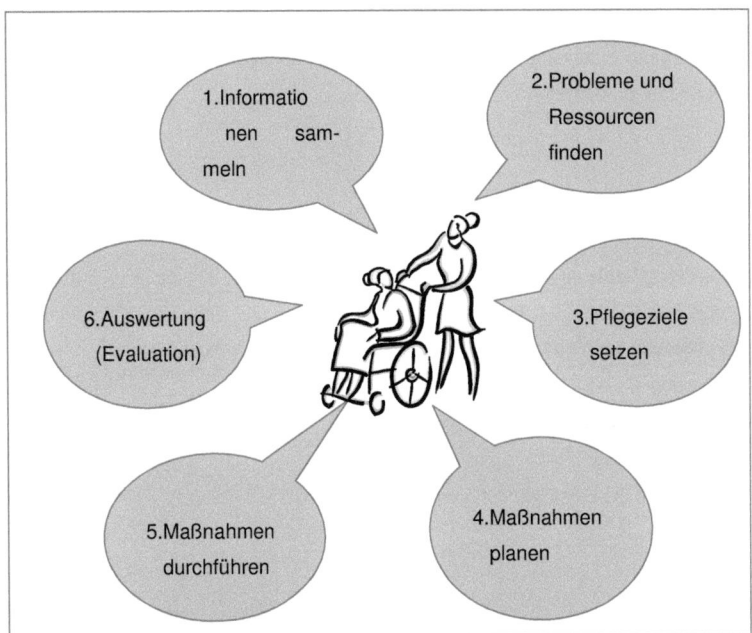

Abb. 1 Der Pflegeprozesskreislauf

Der Pflegeprozess besteht aus sechs Phasen, die aufeinander aufgebaut sind und in Wechselwirkung zueinander stehen. So können z.B. in der 5. Phase Veränderungen in der Planung oder Anpassungen im Bereich der Pflegeziele vorgenommen werden, wenn sich zu diesem Zeitpunkt neue Erkenntnisse ergeben, die einen Einfluss auf die vorhergehenden Phasen besitzen. Der Interaktion zwischen Klient und Pflegendem kommt im Prozess eine große Bedeutung zu.[18] Das konnte im Übrigen auch mit Blick auf die Durchführung der Pflegevisite schon festgestellt werden. Eine aufgeschlossene, konstruktive Kommunikation bestätigt die Partitionsbereitschaft des Klienten und führt zu besseren Informationen. Informationen bilden die Grundlage für die Berücksichtigung der individuellen Situation des Klienten, die sich während des Prozesses durchaus verändern kann. Nur das Erkennen der Veränderung macht Anpassungen möglich und nutzt die Dynamik, die dem

[17] Barth, Myriam, Qualitätsentwicklung und -sicherung in der Altenpflege, München 1999, S.87
[18] vgl. Barth, Myriam, Qualitätsentwicklung und -sicherung in der Altenpflege, München 1999, S.88

Prozess zu Grunde liegt. Der Pflegeprozess wiederholt sich bis die Pflegebedürfnisse des Klienten erfüllt sind.[19] Die zusammengefasste Beschreibung der einzelnen Schritte erfolgt nach Barth.[20]

1. Schritt: Informationssammlung

Erstellung einer Datensammlung mit Informationen, die Gefahren verhindern und Wohlbefinden vermitteln können. Eine erste Erfassung vom Status des Klienten erfolgt als Pflegeanamnese. Die pflegerelevanten Informationen betreffen:

- aktuelle Situation
- Biografie
- Aktivitäten des täglichen Lebens

2. Schritt: Ressourcen und Probleme erfassen

Ressourcen: Möglichkeiten, Fähigkeiten, Gewohnheiten, Kraftquellen und Hilfsmittel, mit denen die KundIn selbständig umgehen kann und die den Pflegeprozess positiv beeinflussen, wie:

- der Wille zur Gesundung
- Kooperationsbereitschaft im interdisziplinären Team
- Interesse an der Zielerreichung
- Wissen und Verstehen um die Einschränkung oder Krankheit
- Mobilität
- Gewohnheiten
- Wahrnehmung von Schmerzen

Probleme: Aufgaben, die aufgrund von Einschränkungen in der Selbständigkeit, der Lebensqualität oder der Lebenszufriedenheit der KundIn zu lösen sind, wie

- Kontraktur
- Demenz
- Antipathie
- Scham wegen Inkontinenz
- Körperhygiene

3. Schritt: Ziele festlegen

Ziele: Soll-Zustände, die innerhalb eines bestimmten festgelegten Zeitrahmens von den KundInnen in Zusammenarbeit mit dem Pflegepersonal (und eventuell Angehörigen, Kooperationspartnern, etc.) zu Ist-Zuständen umgewandelt werden sollen. Oberstes Ziel (Pflegeversicherungsgesetz):

---

[19] vgl. Brobst et al., Ruth, Der Pflegeprozeß in der Praxis, Bern 1996, S.20
[20] vgl. Barth, Myriam, Qualitätsentwicklung und -sicherung in der Altenpflege, München 1999, S.91-111

eigenständige Übernahme der Verrichtungen des täglichen Lebens in der Altenpflege oft unrealistisch.

Gemeinsam vereinbarte Zielformulierungen betreffen:
- die Beseitigung von Problemen und Ursachen
- einen höheren Grad der Unabhängigkeit

und müssen sowohl möglichst präzise als auch realistisch sein. Die Differenzierung erfolgt in Nah- und Fernziele.

4. Schritt: Maßnahmen planen

Festlegung von Pflegemaßnahmen, die sich an den Ressourcen, Problemen und Zielen der KundInnen orientieren. Darüber hinaus zeigt die Planung auf, in welcher Art und Weise die Maßnahmen durchzuführen und auf ihre Wirksamkeit hin zu überprüfen sind. KundIn und Pflegeteam vereinbaren miteinander, welche Maßnahmen durchgeführt werden sollen. Dies beinhaltet das Festlegen und Dokumentieren wer, wann, was, wie, womit, wie lange, wie oft machen soll.

5. Schritt: Maßnahmen durchführen

Die fachgerechte Durchführung der Pflegemaßnahmen setzt Qualifikation, Verantwortung und Motivation von allen an der Pflege Beteiligten voraus. Abweichungen von den festgelegten Standards und Maßnahmen werden mit Begründung dokumentiert. Die Aktualität der Planung ist stets zu überprüfen, auch ob das Einverständnis der KundIn noch vorliegt.

6. Schritt: Evaluieren

Evaluation: Wirkung und Erfolgskontrolle von Verfahren, Programmen und Maßnahmen, die der Qualitätssicherung dienen. Bei der Evaluation wird die Zielerreichung bzw. -nichterreichung des Pflegeprozesses im weitesten Sinne analysiert.

Folgende Fragen sollten geprüft werden:
- Wie haben die Maßnahmen gewirkt?
- War der Zeitrahmen richtig bemessen?
- Wurden die Ressourcen optimal genutzt?
- Wie ist die KundIn mit dem Pflegeplan zurechtgekommen?
- Welche Erfolge oder Probleme sind für das Team aufgetreten?
- Wie hat die KundIn die Planung empfunden?
- Was hat die Zielerreichung behindert?
- Fühlte sich die KundIn gut informiert?

- Was hat die KundIn motiviert bzw. demotiviert?
- Wie verlief die Zusammenarbeit mit den KooperationspartnerInnen?

Beurteilungskriterien sind die Zufriedenheit und das Wohlbefinden des Klienten, aber auch die Wirtschaftlichkeit der Pflegemaßnahmen.

Gleichzeitig elementar für den Pflegeprozess und somit auch für die Pflegevisite ist eine umfassende Dokumentation. Sie hat vielfältige Funktionen: Information, Kontrolle (Leistungsnachweis), juristische Absicherung, Transparenz (Arbeitsfeld), Qualitätssicherung.[21] Auch nachzulesen bei Sittler/ Kruft.[22] Um diesen Funktionen gerecht zu werden, bestehen Anforderungen an die Dokumentation. Der Gesetzgeber formuliert in den Rahmenverträgen nach § 75 SGB XI umfassend „Die Dokumentation muss: kontinuierlich, systematisch, aussagefähig, übersichtlich, zielgerichtet, von allen Beteiligten fortlaufend, nachvollziehbar, schriftlich mit Datum, Uhrzeit und HZ oder EDV Kürzel geführt werden".[23] Die MDK-Anleitung verlangt eine „übersichtliche und jederzeit nachvollziehbare Dokumentation der Stammdaten sowie des Pflegeprozesses in all seinen Schritten".[24]Die EDV-Dokumentation muss passwortgeschützt und jede Eintragung eindeutig zuzuordnen sein. „Sowohl bei handschriftlicher als auch bei EDV-gestützter Pflegedokumentation ist eine Handzeichenliste erforderlich." Das Dokumentationssystem setzt sich aus Formularen und Berichtsblättern zusammen, in die alle pflegerelevanten Informationen eingetragen werden. Laut MDK gliedert sich das Dokumentationssystem erfahrungsgemäß in Stammblatt, Pflegeanamnese, Pflegeplanung, Pflegedurchführungsnachweis (bzw. Leistungsnachweis) sowie Pflegebericht.

Ein besonderer Hinweis gilt dem wertneutralen Dokumentieren. Bei Ausdrücken wie aggressiv, verwirrt, desorientiert, wütend, etc. bestehen Interpretationsmöglichkeiten, weil diese die Situation umschreiben. Stattdessen ist es der Sinn einer Dokumentation die Tatsachen zu beschreiben. Statt „verwirrt" lieber „Herr H. sprach mich zweimal mit Mutter an" oder „Der Klient stellte mir zweimal in fünf Minuten dieselbe Frage".[25] Die genaue Beschreibung dessen was passierte, gibt den Mitarbeitern und Beteiligten die Möglichkeit die Situationen nachzuvollziehen und den Prozessverlauf zu werten. Das trifft insbesondere auch für Außenstehende wie den MDK zu.

---

[21] Barth, Myriam, Qualitätsentwicklung und -sicherung in der Altenpflege, München 1999, S. 112
[22] vgl. Sittler, Engelbert; Kruft, Marianne, Handbuch Altenpflege, München 2004, S. 29
[23] König, Jutta, Was die PDL wissen muss, Hannover 2003, S. 133
[24] MDS e.V., Richtlinien/ Erhebungsbogen/ MDK-Anleitungen-Grundlagen der MDK-Qualitätsprüfungen in der stationären Pflege, Köln 2005, S. 114
[25] vgl. König, Jutta, Was die PDL wissen muss, Hannover 2003, S. 133

3.2. Die Pflegevisite – Führungsinstrument vs. Instrument der klientenzentrierten Pflege

Ich habe am Anfang des Kapitels dargelegt, welches Potential die Pflegevisite besitzt und dass die Partizipationsbereitschaft des Klienten der Schlüssel ist, um das Potential freizusetzen. Auch den einzelnen Schritten des Pflegeprozesses lässt sich der potentielle Erfolgsanteil einer guten Beziehung zwischen Pflegenden und Klienten entnehmen. Dazu existieren unterschiedliche Sichtweisen. Eine orientiert sich an den Klienten und eine andere orientiert sich an den Mitarbeitern. Weitere liegen zwischen diesen beiden Positionen. Dieser Abschnitt dient der Klärung bzw. Erklärung unterschiedlicher Positionen.

Autoren wie Heering, Barth und Kellnhauser sehen in der Pflegevisite eindeutig eine Methode klientenzentrierter Pflege. Barth und Kellnhauser unterscheiden die Pflegevisite in eine Mikro- und eine Makrovisite. Kellnhauser liefert folgende Beschreibung der beiden Durchführungsformen:[26]

- Mikrovisite bedeutet eine 1:1- Beziehung zwischen betreuender Pflegekraft und dem Klienten. Die erste Mikrovisite erfolgt schon bei der Aufnahme des Klienten. Sie dient einer ersten Informationssammlung. Auf Grund des Pflegeprozesses kommt es zwangsläufig zu weiteren Mikrovisiten zwischen Klient und Pflegekraft. Kellnhauser betont die gleichberechtigte Beziehung zwischen betreuender Pflegekraft und Klienten.

- Makrovisite bedeutet eine 1-zu-mehreren Personen-Beziehung, bei der sich das Pflegeteam mit dem Klienten trifft um die aktuelle Situation zu besprechen. Fachpersonal kann hinzugezogen werden. Der Klient besitzt ein Mitspracherecht. Die betreuende Pflegekraft ist Leitfigur und gibt den Beteiligten einen Überblick über Krankheitsverlauf, medizinische Behandlung, durchgeführte Pflegemaßnahmen, deren Auswertung und deren Problemlage. Durch die Anwesenheit des gesamten interdisziplinären Teams besteht der Vorteil, durch verschiedene Sichtweisen bessere Lösungsvorschläge zu erarbeiten.

Barth erwähnt zudem, dass die Mikrovisite sofort durchgeführt werden kann, wenn der Klient Fragen zum Pflegestand hat. Gibt es nicht die Möglichkeit der sofortigen Durchführung, gilt es einen Termin in beiderseitigem Einvernehmen zu finden.[27]

Heering unterteilt die Pflegevisite nicht. Er diskutiert die Anzahl der Beteiligten. „Als Faustregel gilt: Je mehr (insbesondere Fremde) an der Pflegevisite teilnehmen, umso weniger partizipiert der

---

[26] Kellnhauser, Edith, Patientenübergabe versus Pflegevisite, in: Die Schwester/ Der Pfleger Nr: 7/ 1995, S. 591
[27] vgl. Barth, Myriam, Qualitätsentwicklung und -sicherung in der Altenpflege, München 1999, S.172

Pflegeempfänger bzw. die Pflegeempfängerin".[28] Das bedeutet, dass es nur dann sinnvoll ist eine Makrovisite - nach Barth und Kellnhauser - durchzuführen, wenn das eine besondere Situation erfordert. Des Weiteren betont Heering, dass es nicht sinnvoll ist, Zeitpunkt und Dauer im Voraus und für immer bindend festzulegen. Der Erfolg einer Pflegevisite hängt hauptsächlich von der Partzipationsbereitschaft der Klienten ab und somit von deren persönlichen Befinden. Bei zu stark strukturierter Planung besteht die Gefahr, dass der Klient weniger aus eigenem Antrieb handelt sondern mehr um die Pflegenden nicht bei Ihrer Arbeit zu stören. Ausdrücklich weisen Heering und Kellnhauser darauf hin, dass die Pflegedienstleitung eine Management- und keine Pflegeexperten-funktion ausübt. Die Anwesenheit der PDL ist nicht erforderlich, kann sogar hemmend wirken und ist deshalb abzulehnen.

Eine andere Sichtweise vertreten z.B. Münzrieder und König. In ihren Ausführungen nimmt die PDL eine zentrale Rolle bei der Durchführung der Pflegevisite ein. Münzrieder formuliert verschie-dene Formen der Pflegevisite:[29]

• Teilnahme der PDL an der Dienstübergabe aller Patienten mit ausführlicher Beschreibung der Pflege an ausgewählten Patienten, wobei auch pflegerische Verrichtungen vorgenommen wer-den können

• Besuch der PDL, um mit der verantwortlichen Pflegekraft während einer Schicht lang Bewohner zu betreuen.

• Überprüfung der Umsetzung pflegemanagementbezogener Aspekte durch die PDL, wie Pflege-leitbild, Inhalte der Pflegekonzeption und Kundenorientierung der Mitarbeiter

König unterteilt zudem in interne und externe Pflegevisiten mit unterschiedlichen Zeitabständen. Demnach erfolgt eine 14-tägige interne Pflegevisite der PDL, eine wöchentliche interne der WBL und eine jährliche externe des Qualitätsbeauftragten.[30]

Diese Formen der Durchführung überprüfen die Qualität des Pflegemitarbeiters. Sie sind mitarbei-terorientiert und nicht klientenzentriert. Darunter leidet in jedem Fall die Partizipation des Klienten am Pflegeprozess. Die Pflegevisite gerät zu einem Führungsinstrument, das notwendige strukturel-le Rahmenbedingungen überprüft. Das ist wichtig, aber stellt sich die Frage inwieweit das die Aufgabe der Pflegevisite ist.

Eine mögliche Erklärung für die Ausweitung der Pflegevisite in der beschriebenen Richtung bietet die MDK-Anleitung. Die darin enthaltene Definition unterscheidet in klientenorientiert und mitarbei-

---

[28] Heering; Heering; Bode; Müller, Pflegevisite und Partizipation, Berlin/ Wiesbaden 1997, S.XXII
[29] Münzenrieder, Ulla, Die Pflegevisite, in: Pflege und Management, Nr: 2/ 2002, S.4
[30] vgl. König, Jutta, Was die PDL wissen muss, Hannover 2003, S. 158

terorientiert. Ein Blick auf die vom MDK formulierten Ziele der Pflegevisite zeigt, dass die von Münzrieder formulierten Abläufe durchaus hinein interpretiert werden können. Die MDK-Anleitung nennt folgende Ziele der Pflegevisite:

- „Einbeziehung des Bewohners und ggf. seiner Angehörigen im Sinne einer individuellen und bewohnerzentrierten Pflege in die Planung und Bewertung der Pflege
- Entscheidung des Bewohners für oder gegen eine Maßnahme auf der Basis einer kompetenten Beratung durch die Pflegefachkraft
- Steigerung der Zufriedenheit des Bewohners und der Transparenz des Pflegeprozesses für alle Beteiligten
- systematische Reflexion der Arbeit der professionell Pflegenden
- ggf. Anpassung der Pflegeziele und -maßnahmen
- Optimierung der Arbeits- und Organisationsstrategien
- Evaluation des Implementierungsgrades von Konzepten, Standards und durchgeführten Fortbildungen
- Unterstützung der Mitarbeiter in der direkten Pflege, insbesondere der Bezugspflegefachkräfte
- Ermittlung der Qualität der pflegerischen Leistung der einzelnen Mitarbeiter inklusive Feedback
- regelmäßige Ermittlung der Pflegeintensität und Anpassung der Einsatz- und Personalplanung".[31]

Des Weiteren schreibt der MDK: „Möglichst sollten die verantwortliche Pflegefachkraft in enger Zusammenarbeit mit der Bezugspflegefachkraft des zu visitierenden Bewohners (in der stationären Pflege ggf. die Wohnbereichsleitung) oder anderen speziell für diese Aufgabe qualifizierten Mitarbeiten die Pflegevisite übernehmen".[32] Hinter der verantwortlichen Pflegefachkraft verbirgt sich laut MDK Anleitung die PDL, die hier eine zentrale Rolle einnehmen kann. Es existiert auch eine Empfehlung die Mitarbeiter mit Hilfe der Pflegevisite zu überprüfen. „Um die erforderliche fachliche Anleitung und Überprüfung von Pflegekräften gewährleisten zu können, ist es erforderlich, dass die Pflegeeinrichtung Pflegevisiten oder ähnliche Instrumente einsetzt".[33] Diese Aussagen können so gedeutet werden, dass es nach Einschätzung des MDK ein Hauptanliegen der Pflegevisite ist die Mitarbeiter durch die PDL zu kontrollieren. Das führt in der Praxis dazu, dass die an erster Stelle

---

[31] MDS e.V., Richtlinien/ Erhebungsbogen/ MDK-Anleitungen-Grundlagen der MDK-Qualitätsprüfungen in der stationären Pflege, Köln 2005, S. 104-105
[32] MDS e.V., Richtlinien/ Erhebungsbogen/ MDK-Anleitungen-Grundlagen der MDK-Qualitätsprüfungen in der stationären Pflege, Köln 2005, S. 105
[33] MDS e.V., Richtlinien/ Erhebungsbogen/ MDK-Anleitungen-Grundlagen der MDK-Qualitätsprüfungen in der stationären Pflege, Köln 2005, S. 93

formulierten klientenzentrierten Ziele inkonsequent bis gar nicht verfolgt werden. Genau diesen Sachverhalt kritisiert auch Thelen, indem sie bemerkt, dass die Pflegvisite hauptsächlich Verwendung findet um die Pflegekräfte zu kontrollieren ohne Bezug zur ganzheitlichen Gestaltung und Auswertung des Pflegeprozesses.[34]

Erklärungsbedarf besteht auch bezüglich des DBfK-Leitfadens zur Pflegevisite. Der DBfK unterscheidet zwei Formen der Durchführung, die Supervidierende und die Kollegiale, mit folgenden Beschreibungen:

- „Die supervidierende Pflegevisite: Sie wird von einer leitenden bzw. vorgesetzten Pflegefachkraft mit der zuständigen Pflegekraft vor Ort durchgeführt.
- Die kollegiale Pflegevisite: Sie wird von hierarchisch gleichgestellten Pflegenden durchgeführt, z.b. führt eine Pflegemitarbeiterin der Station A eine Pflegevisite auf Station B mit einer dortigen Kollegin durch".[35]

Es erfolgt eine strikte Trennung zur Übergabe am Bett und der Hinweis, dass es sich um ein Instrument der klientenzentrierten Pflege handelt. Wie schon in der MDK Anleitung kann die PDL auch hier eine zentrale Rolle einnehmen. Da die Durchführung laut DBfK mindestens zwei Personen erfordert, bietet sich eine Kontrolle eines Mitarbeiters durch die PDL im Rahmen der Pflegevisite an. Beide Punkte stehen im Widerspruch zu den Positionen von Heering und Kellnhauser. Es besteht die berechtigte Frage, ob die Pflegevisite dann die Aufgabe als Instrument der klientenzentrierten Pflege noch wahrnehmen kann.

Abschließend möchte ich noch erwähnen, dass ich für die Unterscheidung in interne und externe Pflegevisite, wie König sie vollzieht auch in der MDK-Anleitung keine Hinweise gefunden habe. Der MDK schlägt die Pflegevisite nur als eine Maßnahme der internen Qualitätssicherung vor. Im Rahmen der externen Qualitätssicherung werden andere Maßnahmen genannt, um den Nachweis, der vom MDK geforderten externen Qualitätssicherung, zu erbringen.

---

[34] vgl. Thelen, Astrid, Pflegevisiten nutzen allen Beteiligten, in: Pflegen Ambulant, Nr.: 1/ 2003, S. 42
[35] vgl. DBfK, Leitfaden zur Pflegevisite, Berlin-Brandenburg 2004, S. 5

3.3 Diskussion zur praktischen Anwendung

Das Verständnis und somit die Umsetzung der Pflegevisite in den Pflegeeinrichtungen ist genauso vielfältig wie die Literatur zu dem Thema. Gängige Praxis-Beispiele sind:[36]

- akribische Überprüfungen der Dokumentenmappe
- regelrechte Pflegeinventuren, die jährlich für jeden Bewohner durchgeführt werden
- Kontrolle von Mitarbeitern durch Vorgesetzte, ob sie ihre Arbeit richtig machen
- Abzählen von Kissen im Bett, ob auch alles seinen Platz hat, nach Anweisung XY
- Dienstübergabe am Krankenbett von Schicht zu Schicht mit Hilfe der Pflegedokumentation unter Einbeziehung des Patienten
- Überprüfung der Fachkraftquote, Sauberkeit im Zimmer oder ob der Medikamentenschrank verschlossen ist

Nach meiner praktischen Erfahrung läuft die Pflegvisite wie folgt ab: Die PDL informiert die jeweiligen Mitarbeiter zwei Wochen im Voraus über die bevorstehende Pflegevisite. Die Abnahme der Pflegevisite erfolgt dann bei der Bezugspflegekraft des Klienten. Zuerst überprüft die PDL die Dokumentation. Dazu gehören Berichtsblätter, Anamnese, Pflegeplanung, aktuelle Medikation bzw. ob aktuelle Vitalwerte aufgeführt sind. Danach nimmt die PDL z.B. an der Morgenpflege teil, wenn der Klient gewaschen wird und führt Hautkontrollen durch. Sie überprüft des Weiteren, ob die geplanten Leistungen auch alle durchgeführt werden mussten bzw. ausreichten und stellt daran fest, ob der Klient mehr Hilfe oder weniger Hilfe benötigt. Das folgende Gespräch mit dem Klienten beinhaltet Fragen zu Wohlbefinden und Zufriedenheit des Klienten, die nach einer Checkliste abgearbeitet werden. Nach der Pflegevisite findet ein Feedbackgespäch mit der Bezugspflegekraft statt. In diesem Gespräch thematisiert die PDL Fehler und Abweichungen vom Plan. Die Fehler müssen innerhalb von 14 Tagen mit Hilfe eines Maßnahmeplans beseitigt sein und die Abweichungen erfordern eine schlüssige Begründung. Nach 14 Tagen erfolgt die Kontrolle durch die PDL. Auch die Abfrage des Pflegeleitbildes, der Pflegetheorien - denen die Einrichtung folgt - und der Standards in der Einrichtung sind Bestandteil der Pflegevisite. Die Zeitdauer beträgt ca. eine Stunde. Manchmal entfällt die Begutachtung der pflegerischen Verrichtungen. Dann beträgt die Dauer ca. eine halbe Stunde.

Anhand der Praxisbeispiele und meiner eigenen praktischen Erfahrung sind Zweifel angebracht, dass die beschriebenen Formen der Durchführung die Pflegenden-Klienten-Interaktion stark verbessern, zumal die PDL mit der Pflege direkt gar nichts zu tun hat. Genauso gut könnte die PDL,

---

[36] vgl. Koch, Franz, Die Durchführung von Pflegevisiten, in: Heilberufe, Nr: 5/ 2006, S. 48

so wie es auch der MDK macht, die Dokumentation begutachten und daraus Managementaufgaben und Hilfestellungen für die Pflege ableiten. Es stellt sich dann noch die Frage, ob das im Rahmen einer Pflegevisite geschehen muss. Ein Internetbeitrag zur Pflegevisite geht noch einen Schritt weiter und fragt: Warum eine weit verbreitete Meinung existiert, dass solche Arten und Formen der Durchführung Sinn und Zweck der Pflegevisite sind?[37] Und meint damit insbesondere die Überprüfung struktureller Rahmenbedingungen, die, wie bereits angedeutet, schon eine Vorraussetzung für das Implementieren der Pflegevisite darstellen wie z.B. eine bestimmte Fachkraftquote sowie die Einstellung und soziale Qualifikation der Mitarbeiter, was Kenntnisse zum Pflegeleitbild, Pflegetheorien etc. auch schon mit einschließt.

Ein Artikel in der Fachzeitschrift Heilberufe resümiert, dass ohne eine einheitliche Definition und die Klärung der wesentlichen Anwendungsfragen „Wer, wie, was, wieso, weshalb, warum?" der Begriff Pflegevisite für alles herhält, was das Pflegerherz sich vorstellt.[38] Hier werden klare Prozessabläufe gefordert.

Was ist eine Pflegevisite?	Was ist keine Pflegevisite?
• Ein Besuch des Bewohners durch eine für die Pflege des Bewohners direkt zuständige Pflegefachkraft	• Ein Besuch des Bewohners durch Vorgesetzte oder Pflegefachkräfte, die nicht direkt mit der Pflege des Bewohners zu tun haben
• Das wichtigste Evaluationsinstrument zur kontinuierlichen Kontrolle und ggf. Anpassung der Kernindikatoren im Pflegeprozess	• Ein Evaluationsinstrument unter vielen zur gelegentlichen Kontrolle und ggf. Anpassung der gesamten Pflegeplanung im Pflegeprozess
• Ein Schnellboot zur wirksamen Sicherung hoher Prozessqualität	• Ein „Luxusdampfer" zur Bestätigung, dass man alles besser machen kann, aber nichts besser macht
• Ein häufig genutztes Instrument zur Überwachung und Steuerung des Pflegegeschehens	• Ein selten genutztes Instrument zur Überwachung und Steuerung der Pflegedokumentation
• Ein kurzer Kontrollbesuch von durchschnittlich 10-15 Minuten, einschließlich der Dokumentation der Ergebnisse im Berichtsblatt der Pflegedokumentation	• Ein langer Kontrollbesuch von ca. 45 Minuten. Kann bis zu zwei Stunden dauern, einschließlich der Dokumentation der Ergebnisse auf extra Formularen außerhalb der Pfle-
• Sie dient der frühzeitigen Gefahrendiagnose und direkten Gefahrenabwehr	

---

[37] vgl. Pflegevisite zwischen Qualität und Überwachung, www.konfliktfeld-pflege.de/dateien/text/pflege/pflegevisite.html
vgl. auch Richter, Stefan, Unterrichtsskript, Pflegevisite zwischen Qualität und Überwachung, S. 2
[38] Koch, Franz, Die Durchführung von Pflegevisiten, in: Heilberufe, Nr: 5/ 2006, S. 48

Sonderformen von Pflegevisiten sind Lehrvisiten, Pflegekonsile, Visiten zu Einzelproblemen (z.b. Dekubitus, Beatmung) durch Pflegeexperten	gedokumentation • Sie dient dem Protokollieren des Vergangenen ohne Relevanz für die Gegenwart • Alle erdenklichen Sonderformen der Evaluation des Pflegeprozesses auch ohne persönlichen Kontakt mit dem Bewohner

Die Tabelle zeigt das Potential und gibt Eckpunkte der Durchführung vor, zeigt aber auch, was Pflegevisite nicht bedeutet. Wichtig ist, dass der charakteristische Kern der Pflegevisite erhalten bleibt. „Und dieser charakteristische Kern ist der persönliche Kontakt aus fachlicher Zuständigkeit mit dem Pflegebedürftigen, um, möglichst mit ihm, fortlaufend nach der besten Möglichkeit der Gestaltung der Pflege zu suchen".[39] Das verdeutlicht noch einmal, wie zu Beginn des Kapitels erwähnt, dass die Partizipationsbereitschaft der Schlüssel ist, um mit Hilfe der Pflegevisite den Pflegeprozess zu optimieren. Die dazu notwendige Einstellung und Haltung der Pflegenden gegenüber ihren Klienten beschreibe ich im folgenden Abschnitt näher. Sie ist gleichzeitig der charakteristische Kern klientenzentrierter Pflege.

3.4 Partizipation

„Partizipation bedeutet ... eine der Personen zu werden, die bei der Beratung über ein Thema oder Problem hinzugezogen werden".[40]

Der Klient berät den Pflegenden bei der Bewertung der gesammelten Daten und die Pflegende stellt dem Klienten, die dafür benötigten Informationen zur Verfügung und unterstützt ihn bei der Entscheidungsfindung.[41] Das sichert Qualität im Prozess und im Ergebnis. Partizipation ist jedoch kein Selbstläufer, sondern das Produkt eines klientenzentrierten Pflegeverständnisses, dass sich dadurch auszeichnet, dass der Klient als mündiger Mensch wahr- und ernst genommen wird. Die Anwendung der Pflegevisite verlangt von den Mitarbeitern eine bestimmte Haltung bzw. ein bestimmtes Menschenbild. C. Rogers beschreibt das als gewährende Beziehung folgendermaßen:

1. „empfindsames, einfühlendes Verstehenwollen,
2. die respektvolle Annahme, dass der bzw. die KlientIn die hinlängliche Fähigkeit hat mit allen Aspekten seines Lebens fertig zu werden, die ihm zu Bewusstsein gelangen und
3. Echtheit und Kongruenz der Beratungsperson".[42]

---

[39] Koch, Franz, Die Durchführung von Pflegevisiten, in: Heilberufe, Nr: 5/ 2006, S. 49
[40] Heering; Heering; Bode; Müller, Pflegevisite und Partizipation, Berlin/ Wiesbaden 1997, S. 53
[41] vgl. Heering; Heering; Bode; Müller, Pflegevisite und Partizipation, Berlin/ Wiesbaden 1997, S. 53
[42] Heering; Heering; Bode; Müller, Pflegevisite und Partizipation, Berlin/ Wiesbaden 1997, S. 55

Ein Bericht über eine Fachtagung der ZfP mit dem INAG (Universitäres Institut Alter und Generationen) zu den „Perspektiven der Personenzentrierten Pflege" drückt das was mit Echtheit gemeint ist, noch einmal deutlich aus: „Wenn die betreuenden Personen (ungeachtet ihrer beruflichen Vorbildung) sich auf die personenzentrierte Pflege einlassen, bedeutet das für die Betreuenden selbst, sich mit ihrer ganzen Person zur Verfügung zu stellen und nicht den sachlich-neutralen Pflegeexperten spielen zu können".[43]Das gilt genauso für die klientenzentrierte Pflege. Heering bemerkt, dass die Klienten schnell wahrnehmen, ob nur Techniken vollzogen werden oder ob die Pflegenden echt sind. Liegt diese Echtheit vor, dann, dass bestätigen klinische Erfahrungen, lässt sich beobachten „wie schnell und wirksam die Klienten Verantwortung im Pflegeprozess übernehmen und handlungswirksam werden".[44] Heering nennt folgende Vorraussetzungen für die erfolgreiche Implementierung der Pflegevisite:

- radikales Umdenken, d.h. Abkehr von jetzt vorherrschender Gehorsamkeitsbeziehung und dem Autoritätsgefälle hin zu einer partnerschaftlichen Beziehung zwischen Patient und Pflegendem
- intensive persönliche Auseinandersetzung der Beteiligten mit dem Grundgedanken der Pflegevisite
- Einführung der Pflegevisite nicht im Hauruckverfahren, sondern eine Prozessdauer von ca. einem Jahr einrechnen.

Haltung, Einstellung und Qualifikation der Mitarbeiter wachsen nicht über Nacht. Dringend erforderlich sind Anpassungen der Ausbildung- und Weiterbildungsschwerpunkte. Hier muss die Vermittlung von Fähigkeiten, wie: „Wahrnehmung und Validierung der Wahrnehmung, Information, Beratung, Instruktion und Hilfe bei der Entscheidungsfindung" in den Mittelpunkt der Ausbildung rücken.[45] Insbesondere trifft das auf die Behandlung bewusstseinseingeschränkter Klienten zu. Ein Zitat der Zürcher Psychologin und Gesprächstherapeutin Marlis Pörtner definiert personenzentriertes Arbeiten näher:

„Personenzentriertes Arbeiten heißt nicht, von Vorstellungen ausgehen wie Menschen sein sollten, sondern wie sie sind und von den Möglichkeiten, die sie haben. Nicht machen, sondern ermöglichen und auch nicht erklären, sondern verstehen".[46]Den Klienten dort abzuholen, wo er sich emotional befindet um zu verstehen, was er versteht und zu empfinden, was er empfindet, erfordert von den Pflegenden hohe fachliche und soziale Kompetenz. Ein weiters Beispiel sind wahrnehmungsgestörte Klienten, die wiederum eine total andere Wahrnehmungs- und Bedeutungswelt besitzen.

---

[43] Rohr, Claudia, Neue Wege in der Demenzpflege, www.tertianumzfp.ch/zfp/ Pressedienst
[44] Heering; Heering; Bode; Müller, Pflegevisite und Partizipation, Berlin/ Wiesbaden 1997, S. XXII
[45] Heering; Heering; Bode; Müller, Pflegevisite und Partizipation, Berlin/ Wiesbaden 1997, S..XXIV
[46] Rohr, Claudia, Neue Wege in der Demenzpflege, www.tertianumzfp.ch/zfp/Pressedienst

Gelingt es den Pflegenden jedoch durch ihre Einstellung und Qualifikation das Vertrauen ihrer Klienten zu erhalten und somit Partizipation zu ermöglichen, dann ist die Pflegevisite ein positiver Faktor, der sich zur Optimierung des Prozesses eignet. Sie nimmt dem Klienten Ängste, gibt ihm Selbstsicherheit und lässt ihn Ziele, Aufgaben und Abläufe verstehen. „Die Pflegevisite ist jedoch nur so wirksam, wie der dahinter stehende Geist, der letztlich das Qualitätslevel bestimmt".[47]

4. Zusammenfassung

Rückblickend lässt sich festhalten, dass Einigkeit bezüglich der qualitätssichernden Funktion der Pflegevisite besteht. Es existieren jedoch unterschiedliche Meinungen über die Form der Durchführung. Es zeigte sich, dass die Pflegevisite mehr ist als die Abarbeitung von Checklisten und die Erfüllung gesetzlicher Anforderungen. Die Nutzung als mitarbeiterorientiertes Führungsinstrument trifft nicht ihren charakteristischen Kern, der im Einklang mit dem erwähnten professionellen Pflegeverständnis, den Pflegeempfänger in den Mittelpunkt stellt.

Mehr zu diesem Thema finden Sie in „**Qualitätssicherung in der Pflege. Die Pflegevisite im Fokus**" von Thomas Horn, ISBN: 978-3-638-66999-3
http://www.grin.com/de/e-book/ 64394/

---

[47] Hollick, Jürgen; Kerres, Andrea, Pflegevisite, Stuttgart 2004, S. 129

5. Anhang

Literaturverzeichnis (inkl. weiterführender Literatur):

Bücher und Beiträge aus Sammelwerken

Barth, Myriam, Qualitätsentwicklung und -sicherung in der Altenpflege, München 1999

Bertelsmann, Die deutsche Rechtschreibung, Wiesbaden 1999

Brobst et al., Ruth, Der Pflegeprozeß in der Praxis, Bern 1996

Dibelius, Olivia; Arndt, Marianne, Pflegemanagement zwischen Ethik und Ökonomie, Hannover 2003

Duden, Das Fremdwörterbuch, Wiesbaden 2004

Fiechter, Verena; Meier, Martha, Pflegeplanung-Eine Anleitung für die Praxis, Basel 1993

Gabler, Wirtschaftslexikon, Wiesbaden 2000

Giebing, H; Francois-Kettner, H.; Roes M.; Marr, H., Pflegerische Qualitätssicherung, Bern 1999

Heering; Heering; Bode; Müller, Pflegevisite und Partizipation, Berlin/ Wiesbaden 1997

Hollick, Jürgen; Kerres, Andrea, Pflegevisite, Stuttgart 2004

Katz, Jaqueline; Green, Eleanor, Qualitätsmanagement, Berlin/ Wiesbaden 1996

Kern, Norbert, Qualitätsmanagement, München 2004

König, Jutta, Was die PDL wissen muss, Hannover 2003

MDS e.V., Richtlinien/ Erhebungsbogen/ MDK-Anleitungen-Grundlagen der MDK-Qualitätsprüfungen in der stationären Pflege, Köln 2005

Orem, Dorothea E., Strukturkonzepte der Pflegepraxis, Berlin/ Wiesbaden 1997

SGB XI, Soziale Pflegeversicherung, München 2005

Sittler, Engelbert; Kruft, Marianne, Handbuch Altenpflege, München 2004

Artikel aus Zeitschriften

Augsten, Martin, Kloster, Werner, Knipfer, Ernst, Selent, Karl, Theorie und Praxis der Pflegevisite, in: Die Schwester / Der Pfleger, Nr.: 12/ 1997, S. 1044-1049

Bieg, Ute, Theorie und Praxis der Pflegevisite 5.Folge, in: Die Schwester/ Der Pfleger, Nr.: 3/ 95, S. 208

DBfK, Leitfaden zur Pflegevisite, Berlin-Brandenburg 2004

Gutsche, Siegfried, Pflegestandards - Pflegerische Arbeitskreise praktizieren Qualitätssicherung, in: Die Schwester/ Der Pfleger, Nr.: 10/ 2000, S. 826-831

Kellnhauser, Edith, Patientenübergabe versus Pflegevisite, in: Die Schwester/ Der Pfleger Nr: 7/ 1995, S. 590 – 591

Koch, Franz, Die Durchführung von Pflegevisiten, in: Heilberufe, Nr: 5/ 2006, S48-50

Marx, Wolfgang, Qualitätssicherung - Bedeutung der Pflegevisite in Alten-/ Pflegeheim, in: Die Schwester/ Der Pfleger, Nr.: 1/ 2002, S. 55-57

Münzenrieder, Ulla, Die Pflegevisite, in: Pflege und Management, Nr: 2/ 2002

Panka, Christiane, Pflegevisiten, in: Heilberufe, Nr.: 4/ 2006, S. 26-27

Richter, Stefan, Unterrichtsskript, S. 2

Thelen, Astrid, Pflegevisiten nutzen allen Beteiligten, in: Pflegen Ambulant, Nr.: 1/ 2003, S. 42-44

Abkürzungsverzeichnis:

DBfK	Deutscher Berufsverband für Pflegeberufe
EDV	elektronische Datenverarbeitung
HZ.	Handzeichen
INAG	Universitäres Institut Alter und Generationen
LQV	Leistungs- und Qualitätsnachweise
MDK	Medizinischer Dienst der Krankenkassen
MDS	Medizinischer Dienst der Spitzenverbände dei kassen e.V.
PDL	Pflegedienstleitung
SGB	Sozialgesetzbuch
WBL	Wohnbereichsleitung
WHO	Weltgesundheitsorganisation
ZfP	Zentrum für Persönlichkeitsentwicklung